JN439047

묶인 손

주윤신 시집

묶인 손

초판인쇄 2022년 8월 10일
초판발행 2022년 8월 17일

지은이_ 주윤신
발행인_ 이현자
발행처_ 도서출판 현자

등　록_ 제 2-1884호 (1994.12.26)
주　소_ 서울시 중구 수표로 50-1(을지로3가, 4층)
전　화_ (02) 2278-4239
팩　스_ (02) 2278-4286
E-mail_001hyunja@hanmail.net

값 11,000원

ISBN 978-89-94820-79-8　03810

주윤신 시집

묶인 손

도서출판 현자

시인의 말

시작

반주가 들어와야
노래가 터져요
세상이
그렇듯이

시작詩作도
마찬가지죠

바로 시작하는 사람은
하나도 없죠
뜸을 들여야 되죠
몸살을 앓아야 되죠
찾는 곳으로 몸을 다 돌려야지요

열려야
열리는 것이지요

차례

2부_ 보름달 기침

3부_ 칼칼한 냄새

1부

묶인 손

첫눈

나이를 먹어도
사춘기 같은 남동생
오랫동안 오지 않아
버릇처럼 기다리시는 어머니

열두 달 만에 내리는 첫눈 같이
남동생이 오늘 불쑥
어머니 앞에 섰다

이른 첫눈
눈 물*인 듯 눈물인 듯
땅이 젖었다

*눈 물_ 눈이 녹아내리는 물.

하늘을 향하려면

숲속에는 나무들이
붙어있는 줄만 알았습니다

하루 종일 소리가 따라와
숲속으로 들어갔습니다

나무들마다 사이
우듬지가 쭉쭉 나무의 길을 내고 있었습니다
사이가 없으면 길도 막혀버리지요

“하늘을 보려면
사람도 사이가 필요해”

하루 종일 따라다니는 소리
몸 닿지 않고
숲 사이로 사라집니다

산막이 옛길, 여우비

산을 두른 옛길,
새소리 따라 걷는다
무너져 내리다 멈춘 바위들
아슬한 산막이 옛길,
비가 내린다

바위굴에 들어가 앉으니 안개
단발머리 여고생이 시가 실린 교지校誌를 품고 어머니에게 달려간다 여고생은 볕 나지 않는 베란다에 빨래를 넌다
빨래는 언제나 안개, 안개

비가 그치자 바위굴을 나선다
바위에도 뿌리내린 소나무 터널,
연초록 터널을 지나자 햇빛이 쏟아진다,
비바람 한줄기 산막이 골을 돌아나갈 때
어머니 슬픈 눈빛이 스친다

*산막이 옛길_ 충남 괴산군 사오랑 마을에서 산막이 마을까지 연결된 길, 옛길의 흔적이 그대로 남아있는 총 길이 10리의 산책로.

꽃샘추위

이사했다고 어머니께서 밑반찬 이고 오셨다
며칠 지나도 풀지 않았다
봄이 왔는데 나는 아직 춥다

“시간 밥 먹으려면 수더분해야 해”
쫓듯 어머니 목소리 따라다닌다

아름아름 어울리지 못하고
안으로만 파고드는 나에게
까시라운 년,
어머니 목소리 따라다닌다

죽은 잡풀더미 속에서
돋아오르는 새순이
낯이 설다

남들 좋아하는 유행도
아직 낯이 설다

애기똥풀

도둑이 들어와 빨래줄에 쉐타를 걷어가고
아버지 비상금을 가져간 아침
약을 뿌렸는지 우리 식구는 늦잠을 잤다

백일도 안 된 애기는 이유 없이 울었다
하루 종일 울더니 밤이 될수록
울음소리가 자지러졌다
낮에 다녀온 병원 길을 발치마다 세워
엄마는 아기를 업고 동트기까지 온 방을 헤맸다
할머니는 애기 똥 냄새 시큼하다고 걱정하셨다

초등학교 2학년 때 불렀던 자장가를
나는 아직도 목 놓아 부르고 있다
애기똥풀 줄기는 노랗게 꺾였다
자라지 못한 애기똥풀

환한 소용돌이

집으로 가기 위해 인터체인지에 들어섰다
네 줄 차선이 양쪽으로 갈라진다
오른편은 부산 대전
왼편은 분당, 집으로 가는 길

엄마가 사는 전주로 가기 위해 대전 쪽 길에
들어서자 광속
속수무책으로 환하게

엄마가 들려주던 달밤의 공동묘지 이야기,
어떻게 그 캄캄한 데 들어가 있을지
이불 뒤집어쓰고 하루 종일 울었다

어릴 적 신발이 강물 위에 떠내려가다
환한 소용돌이 속으로 사라진다

아랫목에 메주콩

푹 삶은 메주콩을 시루에 담고
가지런히 얼러
볏짚으로 한가운데를 꿰어
우리들이 자는 작은방 아랫목에다 놓고
이불을 덮어놓는 할머니
이불 밑으로 발가락들을 꼼지락거리는 우리들

메주와 함께 이불을 덮고 자는 며칠 동안
할머니가 이불을 열면
메주콩처럼 우리는
이불 속에서
빼꼼 머리를 들었다

할머니의 실로 늘어난 차진 청국장처럼

덜컹이는 햇살

버스 안으로 햇살이 길게
따라오다 덜컹거린다
마음도 덜컹

손가락마다 보따리를 걸어주신 어머니
뒤돌아보면 하염없이 서 계신 어머니

덜컹거리며 따라오는
햇살 사이로
어머니 눈빛이 쫓아온다

떡국

기울어진 해 새로 일어서는 첫날
식은 떡국 한 쪽으로 밀어놓고 입을 다문 어머니
하얀 떡국
꼭꼭 씹어 먹어야
한 해를 탈 없이 보낼 수 있단다

결혼도 못하고 친구 빚보증에 쫓겨
근근이 침묵에 갇힌 남동생

어두워지자 동생이 불쑥 들어올 것 같은지
장독대 나가 김치 한 포기 꺼내시고
떡국 물을 새로 올려 끓이신다

*근근이_ 어렵사리 겨우.

바다 소리

어머니와 함께 간 삼치구이 집
눈앞에서, 왕소금 골고루 뿌린 삼치
연기 파랗게 오르고 기름이 돌았다

어머니가 젓가락으로 노릇노릇한 살점을
집었다
"어여 먹어라"

등뼈와 탄 꼬리만 남을 때쯤
파도를 헤치는 소리
하얗게 박혀 있던 바다소리

팔순 어머니 목소리
꼬리를 지나 삼치 등뼈에
버릇처럼 걸터앉았다

민들레쌈

해도 스쳐 지나가는 집 앞에 장이 선다
산더덕, 도라지, 말린 버섯, 마른 민들레 잎,

마른 풀 성성한 들길을 따라, 온 나절 종종거려 동네 언니들 틈에서 나물을 캤다, 언니들이야 냉이며 달래며 쑥을 캐지만, 소쿠리만한 나는 풀인지 나물인지, 푸른 이파리를 따서 할머니 앞에 내밀었다, 할머니 손길로 밥상에 오른 민들레쌈, 우물거리는 할머니 입속에서 터져 나온 웃음소리가 바람처럼 날아온다

단층구옥 철거예고문 깨진 기와 옆에도 뛰노는 아이들
장 따라 오시는 사북 아주머니 간추리는 민들레 잎

저녁상에 둘러앉은 아이들 손이 가지 않는 쌉싸름한 민들레쌈

무릎

계단을 내려가는데 무릎에서 소리가 났다
걸음을 더 떼지 않고 벽에 기댔다

"그만큼 다녔으면 고장 날 때도 됐어."
기댄 어머니가 나를 밀어냈다

나는 기어서
어머니 나이에 가고 있다

꾸르륵 꾸르륵

어머니를 요양원으로 모셔놓고
비를 맞으며 돌아왔다

봄을 기다리며 내다보셨던 옥상 철쭉 정원
빗물이 빠지지 않아 물이 발목까지 찼다

같이 갔다 혼자 돌아온 걸음에
늘 비비고 싶은 어머니가 휘청거린다

고인 물에 발 담그며
바닥에 깔려 있는 꽃잎을 걷어냈다

철쭉 꽃잎
어머니 닮은 철쭉 꽃잎 물 위를 떠다니고

꾸르륵 꾸르륵
물 빠지는 소리 울린다

묶인 손

수술 후
깨어나 링거를 잡아 빼는 엄마

일어나려고 움직이는 엄마
간호사들이 쫓아와 눕혀도
링거를 잡아 빼는 엄마

간호사들은 쫓아오기를 멈추고
엄마의 손을
침대에 묶었다

젖 먹이고, 기저귀 갈아주고,
한없이 쓰다듬던 손
피멍이 들어
침대에 묶였다

벽을 타는 덩굴 손

고관절골절 수술 후
침대에서 첫발을 내디디시는 어머니,
지팡이를 벽 삼아 걸음 떼신다
한 발짝 한 발짝 복도를 세우며 걷는 어머니,
옷섶이 들썩였다

내려다 보이는 버스정류장 담벼락
마른 마디 사방으로 벽을 타던 덩굴 손
바람이 달려와
잎들을 간수하고 있었다
부드러운 바람결에
새순은 벽을 짚고 다시 틈을 푸르게
메우느라 들썩였다

비

아버지 안부를 듣는다
야위셨다는 기별
후두둑 떨어지는 빗소리

연탄가스 중독으로
위독하다는 말을 듣고 달려가
시골집 마루에 서서 보던 빗금들
웅덩이에 모여든다

공중에 흩어졌던 모음들이 내려와
멈칫멈칫 헤엄을 친다

기침

기침이 멈추질 않아
용각산 한 통을 샀다
가루를 한 숟갈 털어 넣고
가방 안에 넣었다

명절 연휴 보내고 돌아오는 날
방문을 열고 어서 가라고 재촉하는 아버지 말소리
버스를 탈 때까지 떨거덕거렸다

내가 기침을 하면
아버지의 쿨룩 소리
가슴에서 튀어나온다

젖은 미루나무

지하철역 개표구 안으로
사라지는 등

빗줄기가 떨어진다
빗방울이 마음에 박힌다

아쉬워서 한줄기
그리워서 한줄기
아버지

밤새 비 내리고
낙숫물 소리,
오래된 토방을 뚫던
빗방울 소리,

밤새워 속속
창밖 비에 젖은 미루나무

문자메시지

아버지 마지막 체온이 찍힌다
아버지의 눈 속에 한없이 어려졌던 나

체온으로
눈으로
심장으로
메시지가 날아온다

눈으로 말하던 얘기들이
공중에 돌아다니다
핏줄로 울린다

봄에도 겨울

깊은 겨울 다 지나
고랑에 마른 풀 뚫고 이내
냉이
쑥

얼음 서걱거렸던 겨울 밀고
입김으로 오르는 산언덕
오미클론에 걸린 어머니가
일으켜 세워요

나는 봄에도
겨울로 가고 있어요

2부

보름달 기침

상수리나무와 바람

상수리나무에 바람이 머물자
도토리 알이 후두둑 흙속에 박힌다

상수리 이파리가 펄럭거리자
바람은 빛을 낸다

찻잔에 피는 민들레꽃

몇 년 노량진에서 시험 준비하던 제자
취직하고 들고 온 민들레 꽃차

뜨거운 물을 부으니
꽃은 꽃대로 살아나고
꽃대는 꽃대대로 일어나
찻잔에서 피어난다

갇혔던 풀 비린내가
사방에서 올라온다

격리 금

일차 이차 부스터샷 맞은 딸이
생강나무 보러 나갔다가 노랗게 자가격리 되었다
뱃속 태아가 걱정되었는지
다래끼로 눈이 부었다

마음은 한달음에 달려갔다
격리 금을 넘을 수가 없어 도착할 수 없었다

금이 사라지면
빛처럼 달려가고 싶다

보름달 기침

빈 가게 둘러보며 건물 사이 달을 본다
집합금지로 장사가 안 되어
문을 닫은 지 서너 달
오래된 몸살에
마른기침이 올라온다

벌건 눈으로 입 가득 기침을 가둬놓는다
침을 삼키듯 이자만 냈는데
내일은 대출금 상환해야 하는 날,
기침이 목 뒤에 달라붙어
길게 애원하고 있다

“대출 상환일 연장해 주세요”
보름달처럼
기침이 터진다

이팝나무

반 지하 베란다 쪽창으로
떨어지는 이팝나무 이파리

틀어져 쉽게 열리지 않는 장롱 문틈으로 삐죽 나온 속옷이 빠져나가다 걸린다, 벽지에 달라붙은 퀴퀴한 냄새, 식구들 목 뒤로 킁킁 달라붙은 기침, 뱉지 못해서 애를 태운다, 면접 갔다가 얼굴 벌개져 돌아온 아들 앞에 이팝나무 이파리 하나 툭 떨어진다

아들은 쪽창을 열어
없는 바람도 막아주듯
길게 손을 뻗어
이팝나무에 물을 준다

간을 맞춰야

간을 맞춰야 하는데 싱겁다
끓는 국에
몇 방울 간장 떨어뜨렸더니
맛이 화아 산다

회사 나오고 해를 넘기는 남편,
열 일 없는 지갑도
간만 맞춰주면
금방 일어나 살아날 것만 같다

지갑에 간을 맞출 몇 방울의 궁리가
찬장 어디에 숨어 있을까

밀리지 않는 봄

- 탈구1

빡빡한 문을 억지로 열려고 할 때
나보다 무거운 것을 들려고 할 때
닿을 수 없는 것을 손을 길게 뻗어 잡으려 할 때
팔은 제 무게로도 어긋난다

침을 맞아도 쑥 뜸질을 해도
관절이 슬슬 부풀어 오른다
밀고 밀리다 걸핏하면 제자리를
찾지 못하는 어깨

퇴원수속 끝내고
병원을 나서는 이의 뒷모습을 본다
아스팔트 길바닥에 쏟아지는 햇살,
메마른 아지랑이

몸을 돌리지 않아도 잡을 수 있다면
손을 길게 뻗지 않아도 닿을 수 있다면
탈구가 안 되고 한 번 누릴 수 있다면

밀리지 않는 봄이 내 어깨에 내려와
부드럽게 자리를 잡는다

종이 어깨

– 탈구 2

어깨가 빠졌구나, 아이야
아프지만 팔을 내려놓아라, 아이야

내 어깨는 우리 집 하나 얹어놓아도
삐그덕 내려앉는데
건장한 네 어깨가
나를 닮았는지 빠져 버렸구나

입에 밥을 물고 삼키지 않아
마르고 작은 아들,
성인 되어 안도의 한숨 쉬었는데
내 어깨가 종이 같아
뭐 하나 얹기에도 부족한 탈골을
물려주었구나

어쩌라는 것인지

어쩌라는 것인지
주인 없는 집에서

제삿날이 되기 며칠 전에 동서랑 계획을 짰다
장을 봐서 동서네 집으로 가는데
늦게 퇴근한다고 동서가 메시지를 보냈다

어쩌라는 것인지
왼쪽은 절벽인데

밤늦게 돌아오는 길
내비게이션 안내 '여기는 낙석 지역입니다'
아무것도 보이지 않았다

이렇게 살면 될까?

바다 끝까지 걸어가고 싶어 언덕을 올라가요 끝을 올려다보면 맞닿는 곳에서 바다가 출렁이던 기억이 나요 하늘이 뭉텅뭉텅 내려와 출렁거리며 문을 열어줄까요? 가슴이 저리네요

기숙사에서 낮에 다녀간 딸아이
그다지 빠릿하지 못한 머리로 따라가려니 힘이 드는가봐요

"이대로 사회에 나가면 뽑아줄까?"
"그럼, 단박에 알아보지-"

대답은 그렇게 했어도
'그런 날 더디 오면 어쩌지!'

딸아이가 또 물어요
“지금처럼 잘하면 나 뽑아줄까?”

대학 졸업 후 취업 안 되는 오빠생각에
미리 말을 하나 봐요

해를 품고

해는 잠기기를 몇 년
해가 풍덩 빠져서
바다는 신열이 났다

졸업하고 두 해 동안 집에 있던 아들이
취업 통보 받던 날

나는 밤새
떠오를 해를 품고
썰물과 밀물 사이를
밀려다녔다

낙엽

해가 산마루에 걸려 있는 사이
배송물품 나눠 넣고 아파트 길에 들어선다
거리두기로 가게 문을 닫고 나선
아르바이트 몇 달째

내려앉은 해 기운 받아
해읍스름 떨어지는 나뭇잎

저 해가 어둠으로 깊어지면
베니스에서 공부하는 딸아이에게
방울새처럼 아침 창 두드릴까

앞에서 뒤에서
먼발치에서
머리 위에서 떨어지는 나뭇잎

산적꼬치

명절 연휴 첫날, 늘어진 남편 늘어지게 두고
새벽부터 세찬을 만든다
두릅순, 쪽파, 꽈리고추를 싹싹 씻고
버섯은 먼저 불려 데쳤다
쇠고기 재웠다가 꼬치를 만든다

푸짐하게 넉넉하게 만들라는 남편의 목소리 하나 먼저 꽂았다
흩어질세라 조심조심 맨 끝에
어린 막내동서의 볼멘소리도 꽂아 놓았다
어머니 눈빛으로 단단하게 고정시켰다

말이 많아도 말이 없어도 시끄러운 명절날
밀가루를 잘 털고 계란을 풀어
사르르 시누이 옷처럼 덧입힌 뒤
프라이팬에 눕혔다 뒤집었다

식물성과 동물성이 잘 붙어야
서로 녹아든다

꼬치를 들고 웃는 아들
식구들이 꼬치를 하나씩 집는다

레시피

코로나로 손님이 줄어들어
야끼우동을 새로 만들기로 했다
종업원이 바짝 달라붙는다
소스 만드는 법을 알고 싶나 보다
가는 곳마다 좇아다녀
레시피를 보여주었다

맛간장 1큰술
우스터소스 1큰술
다시국 2큰술
표면 장력

간단한 레시피를 받아 적고 허허거린다
많은 양 음식 레시피는 표면 장력이 필수다

살아남으려고 몸을
오그려야 올라오는 표면 장력

사이

십 년 만에 만난 친구와 순대국을 먹었다
한참동안 말없이 먹는 동안
순대국 그릇에서 삐걱삐걱
소리가 났다

(메밀전병 좋아했는데 좋아하니, 지금도?)
(아이들 결혼은 했니?)
(남편은?)

뚝배기 바닥이 보일 때쯤
친구가 손을 뻗어 내 그릇 받침대를 똑바로 놓는다
삐걱 소리 사라졌다

뚝배기 그릇을 납작 기울여
우리는 바닥 국물까지 마셨다

손끝에

긴 하루에 몸도 무거운 어스름 저녁
현관문을 밀자 안쪽 걸림쇠가 걸려있다
베란다 쪽으로 급히 사라지는
두 그림자

쏟아지고 뒤집혀진 물건들
반쯤씩 열린 서랍장
남편에게 전화를 걸었다
새소리가 허공 속에서 툭툭 떨어졌다

눈 덮인 하얀 숲에 담긴 달력
동그라미 쳐진 원금 이자 날짜
벌인 일마다 하우적거리는 남편이 스친다
나는 달력 속에 들어가 얼어붙었다

달빛이 떨어진다
흩어진 물건들 위로

넘어진 의자를 바로 세우고
기어가 서랍장 안에 손을 넣어 저어본다

엉켜진 옷가지들 사이로
손끝에 걸리는 결혼반지
속내로 앓고 있던 남편의 온기가
한숨처럼 스친다

구월 열무

노상에서 청정한 열무를 샀다
하루가 지나자 누런 잎이 나왔다
늦은 밤, 내리누르는 눈꺼풀을 들고 소금 뿌려 절였다
숨이 죽어 축 늘어진 열무 마지막 헹구고
소쿠리에 걸쳐 두었다

아침 일찍 일어났는데도 반이 살아났다
고춧가루와 풀 먹은 국물이 따로 노는 열무김치
며칠이 지나도
풋내가 매캐하게 겉돌아
맛이 들지 않는 열무김치

생일이라고 형제들이 모여 앉았다
맹숭맹숭한 열무김치를 한 점씩 집어 들고
어정쩡한 목소리
겉도는 밥상머리 추억

그럴 줄 알았어

옷 냄새가 퀴퀴했어 으레 그러려니 했더니만 놀림도 한두 번이지 그래서 아이가 자주 결석한 거야 창이 없는 지하에서는 털어낼 수가 없어 먼지도 갇혀 지내지

지하방에 이사 와서 불을 끄고 잠 잘 자리로 가는 서너 걸음은, 익혀두지 않아도 이제 갈 수 있지만 눈을 감았는지 떴는지 모를 어둠이 슬프다는 아이, 계단을 내려가다 위를 보면 골목을 지나가는 구두코가 보인다는 아이, 창이 없는 그늘에 사는 것도 옷에서 냄새가 난다는 놀림도 언제까지일지 지긋지긋한 아이, 들녘에 낮게 펴져 바람에 기댄 민들레 홀씨 같은 아이

나는 여태 쓸고 닦기 귀찮아 그늘만 찾더니 보이는 것만 쓸었어 그늘이 온통 홀로 가두어지면 지하방이 돼 그럴 줄 알았어 결석해도 방심하더니 전혀 내막을 모른 거야

키스

입이 달콤하잖아
뜨거운 것과 차가운 것의 교차 또는
섞임
키스는 온몸으로 하는 거야
그래야 제 맛이지

벗겨내면 뜨거운 게 나와
때로는 맵기도 해
부드러움 뒤에 감춰진 뜨거움
카푸치노

거품
부드러워도 시간이 지나면 사그라져
눌러 붙고 딱딱해져
눈을 감아 봐
첫 키스가 부드러운 거지

군산미즈카페

들어서면 눈이 먼저 올라가고 좁은 계단과 만나지요 계단 끝 이층이 바로 다다미 북 카페, 칠십오 년 전 일본 미즈상사를 만나는 자리에요 그 공간에 무더기 쌓아놓았을 수탈의 기억들 쉽게 씻기지 못하고 다다미 틈마다 엉겨있네요 농민의 목숨을 밟지 않고서야 쌀 한 톨인들 실어 나를 수 있었을까요 맑은 커피 한 잔씩 들고 와 앉은 앉은뱅이 밥상의 커피자국이 얼룩얼룩 멍들면서 속으로는 들끓었을 저항으로 더러 보이는 것이었어요

늙은 미즈상사의 흔적 속에서 수탈당한 영혼이 우렁우렁 다시 살아서, 우리의 속을 흔드는 노래를 불렀어요 군산미즈카페, 그 자리가 일본무역회사 자리로만 알고서 커피 향이 앉은뱅이 밥상에 단지 묻은 것이라며 무심할 뻔했다니까요

따뜻한 물 한 잔

수내동양지마을 골목으로 쓱 올라오면 작은 우편취급소가 있지요 접수를 받는 사람 좋게 생긴 아주머니 한 분과 그 뒷자리에 소장이 한 분, 그렇게 달랑 두 식구가 우편취급소 전 직원인데요

몇 번 소포를 부치러 가보면 그 소장이란 남자 뚱한데다 굼뜨게 움직이는 것이 영 마뜩하지 않아 일부러 잠시 미적미적 움직여서 기다렸다가 사람 좋게 생긴 아주머니한테 접수를 맡기곤 했지요

무슨 날씨가, 해가 날수록 점점 기온이 떨어지는데, 영하 십 도는 우습게 돌파했는지 따끔거리는 맨살이 아프기까지 해서 잔뜩 웅크리고 걷는데 양지마을 골목 초입, 땅뜀도 못할 햇볕 머물던 자리에 온몸을 동그랗게 말아 쥔 초로의 행려자 한 분을 스쳤지요

계속 덜덜 떠는 폼이 걱정이 되긴 했지만, 우리가 살면서 알고도 모르는 것처럼 스치는 남 일이, 차마 한 둘이던가요

다른 일 보고 돌아오는 길 건너편 땅뙴도 못할 햇볕 머물던 자리, 초로의 행려자가 컵 하나 입에 대고 있었는데 거기서 아지랑이가 모락모락 오르는 것 아니겠어요 따뜻한 물 한 잔, 그래도 얼어 죽지는 않겠구나, 안도하며 눈길 돌리니

바로 옆에 우편취급소 소장이 서 있고, 투박한 손에 빈 잔 받침을 달랑 들고 있지 뭐예요

3부

칼칼한 냄새

안개

늦은 시간 퇴근버스에서 내려
다리로 건너지 않고
둑길로 내려왔다

물길로 다가갈수록 안개가 짙어지고
발을 내밀자 불빛도 옷을 입는다
물을 밟을수록 두꺼워지는 안개
물도 돌다리에 걸쳐 쉬고 있다

바쁘게 흘러온 나도
잠시 돌다리에 걸쳤다
물도 나도 안개
아무것도 안개다

물소리가 들린다
더듬거리며 돌다리를 걸어본다

걸을수록 불빛을 몰아
안개가 사라진다

아슬아슬 돌다리 위에서
속을 텅텅 비운 소리가 울린다

풀꽃과 바람

풀꽃이 바람에게
삽삽하다
빠짐없이 바람에게 인사하고
엎드리는 풀꽃

밖으로만 바쁘게 돌 때도
늘 일고 있는 바람
옆에 있었던 것처럼
삽삽하다

퇴직하고 돌아와
머문 듯 휘몰아쳐도
삽삽한 풀꽃

가지치기

개울가를 뛰는 사람들이
아침햇살에 부서지고 있다

가로수 밑에
가지치기로 잘라진 나무들

열매를 위해
가지치기된 나무들

초겨울 햇살이
나를 베고 지나갔다

겨울은 소리를 내지 않고
포지션에 환하게 서 있는 것

바람 따라 몽촌토성 길

어둠 속 몽촌토성을 바라보다
눈에 담아 길을 나섰어

비를 품은 바람이 불고 있었어
산등성이에 이르자 바람이 거세지면서 풀잎을 휘감아 버렸어
밀고 밀리다 누워서 마주보는 풀잎

사람과 사람 사이에도 바람이 몰아치지
몰리고 몰리다 발꿈치를 드는 사람등이 보였어
금방 떨어진 모과의 가쁜 숨
물가의 부들이 마구 흔들리고 있었어

쏟아지는 비의 행간 사이로
뒤따라 든 낮은 목소리
비를 피해 들어온 아파트 현관 유리에
뿌옇게 끼어들고 있었어

숨을 쉬고 있는 게 살아있는 걸까
토성 안에서는 어디든지
미루나무가 보였지
사방으로 기우는 미루나무가

칼칼한 냄새

눕다 앉다
불쑥 환해진 새벽
둑을 지나 울퉁불퉁한
호수 길로 들어선다

간밤 바람에 흔들려
갈대들도 하얗다

서걱거리는 공기
며칠 전부터 계속되는 집합금지에
밤을 세워
갈대 옆에 하얗게 선다

칼칼한 냄새
하루를 벤다

봄 기운

베란다 아래
편편하게 갈아놓은 흙들 위로
햇빛이 내리쬔다
내 머리에도 내리쬔다

머리가 아팠다
놀러와서 엉긴 것들을 뱉어내고 싶다

입 지우고
뿌리로 올라오고 싶다

잎사귀

헛것인가
켜켜이 쌓아올린
보면대에 걸쳐놓은 초벌 시
소리가 되지 못한 음표처럼
고치고 또 고치고

잎새에서 그대로 마르거나
햇빛 타고 녹아내리다가
밤새 아프게 틀던 잎사귀
비로소 쥐고 매달린
이슬
떨어지면
똑 소리가 날까

새 그림자

검은 새가 저만큼 걸어가더니
문득 날개를 털고 있었어
까마귀인줄 알았더니
새는 없고
그림자 길게 드리워져 있었어

언뜻 낙엽 수북이 쌓인 길이 스쳤었거든
느긋하게 걸었어
걸을수록 바삭바삭 부서지는 소리
소멸의 질서,
겨울은 다가오고 있었어

만났던 사람 얼굴들
등 뒤로 사라졌어
움직이는 것이 모두 멈췄어

오한惡寒

입에서 바람 소리를 내고서야
숨을 골라
어릴 적 숲 속으로 갔어

새는 팔딱거렸고
숨 쉴 때마다 담 결린 소리를 냈어
머리까지 이불을 당겼어

어둠 속에서
땅에 떨어지는 새 한 마리
커다란 나무 잎사귀 하나 같이 떨어져
새를 덮어주고 있었어

저기 서 있는 나무
움을 내리고 있었어

돌아선 것들을 돌아선 대로 보내야 해

양쪽 관자놀이 안쪽이
조여들다 풀리기를 반복하는 날

궁리 끝에 쪼그리고 앉아
엄지와 검지 사이를 누르고
눈을 감아버렸어
벌컥벌컥 마신 물
깊은 숨 비집고 내려가
아름다운 것들,
따라 하고 싶은 것들,
바짝 마른 것들을 촉촉이 적실지 몰라

저 아래 들판, 파닥이던 것들이
꼬리를 흔들며 살고 싶다고 말했지
돌아선 것들을 돌아선 대로 보내야 해

노래방에서

노래방에 들어가면
갑옷을 벗고
훈장도 떼어버린다

배꼽에서
넓적다리에서
엉덩이에서
등에서 소리가 난다

초등학생의 투명한 목소리
중학생의 사춘기 목소리
고등학생의 사랑을 알고 싶은 목소리
대학생의 세상을 배워가는 목소리

열두 가지 울음을 실은
웃음소리가 울린다

춘란

이사 온 날, 책상 다리에 걸려
난분이 산산조각이 났다
춘란이
뿌리가 드러났다

물을 너무 주었는지 뿌리가 썩었다
(기대가 많았나?)
뿌리를 말리라고 한다
(말라 죽어야 하는 건가?)
죽도록 말라야 새 뿌리를 내린다고 한다
(뿌리를 내릴 수 있을까?)

춘란 뿌리를 끊었다
방 한 칸 줄이는 게 어떠냐고
새 뿌리를 내라고

반달

교차로에서 신호를 기다린다
신호등에 달이 떴다
한참을 기다리는 동안 달이
하나 또 뜬다

가속페달을 밟자 달이 따라온다
골목으로 들어서자
전봇대 꼭대기에 먼저 오른다

어릴 적 전봇대에 서성이던 반달
오빠가 가려서 반달
쫓아가 말을 못 해 반달

집 앞까지 따라온 달은 문을 열자
빛을 지운다

등나무 아래에서

하지,
더운 바람을 그늘에 말려 본다
그늘이 촘촘하다
혼자 뻗는 덩굴들이 가지에 얽혀
서로를 지탱하고 있다

고등학교 단짝 친구가 뉴욕으로 떠났다가 7년 만에 다녀간다고 해서 며칠 설레며 기다렸는데 그녀는 그냥 돌아간다는 문자만 보냈다
(세월은 서울과 뉴욕보다 먼 것일까?)

등나무 가지 끝에 매달린 잎들, 바람에 흔들린다
'공항에 나가서 뒷모습이라도 볼 걸'

작은 이파리 하나 등나무 붙잡고
바람 속에 꼭 매달려 있다

액자

아이가 학교에서 상을 받아왔다
액자에 넣었다
아이가 또 상을 받아왔다
작은 액자에서 큰 액자까지
방에 가득 걸었다
비뚤어지면 호들갑으로 다시 걸었다

어느 날 액자가 떨어져
와장창 깨졌다

액자에 갇혀있던 재잘거리던 아이의 소리가
깨진 틈 사이로 빠져나오고 있었다
상을 받아 올 때마다
내가 어렸을 때 엄마처럼 걸었나 보다

시작과 종료

시작 버튼은 시작 버튼 있을만한 자리
종료 버튼도 종료버튼 자리에

어디에 유에스비를 꽂을지
전원 잭을 연결할지도
가만히 보면 자리가 다 있네

각각 일터로 가서
주말가족으로 만나 전원 켜고 움직이는
딸과 사위

시작버튼 누르기 전
나는 전원을 눌러 배웅을 받지

가을 하늘

옥상에 올라갔어요
북한에서 미사일을 이전한다는 기사를 읽다가
그 끝이 어디일지 잡아끄는 대로
갇혀 있었어요

이국 만리 사람들이 놀라는 사이
나는 아침을 먹고
투명하게 보이는 맑은 하늘 위에
이리저리 흘러다니는 불안을 받쳐 안고
옥상에서 차를 마셔요

벌써 가을이
새초롬하게 깊어요

오이도에서

해 질 녘 바람이 시화공단을 돌자
방파제 옆 허름한 슈퍼마켓에는
갈매기소리 뒤섞인 갯내음이 들락거렸어

원양선 타기가 어디 쉬운 일이냐며 소리친 남편
배에 오른 뒤 소식 끊긴 지 이 년
남편의 입맛을 더듬는 것일까
여인의 눈 속
노을이 타고 있었지

부표를 밟은 바람이
전령처럼 불어오는지
여인은 창가를 서성이고 있었어

남한산성에서

남한산성 오르는 길
비탈마다 앙상한 가지

대보름 둥근 달이 뜨면
중턱에 제상을 차리고
삐죽이 선 달집을 돌다가
계단에 올라 두 손 모으는 아낙들

대보름, 달 기운 퍼진다
아래에서 올라오는 소리
불놀이야, 검불 날린다

앙상한 가지들이
봄물을 올리고 있었지

새끼까치의 빗금

해지기 전, 키 큰 오동나무 둥지에서
떨어진 새끼까치
철물점 주인이 손바닥으로 받쳐
건물 옥상에 옮겨놓았지

냄새 따라 어미까치가 찾아오자
깍깍 대답했지

새끼까치 이리저리 날개를 펴고 걷더니
날아다니기도 했지

바닥에서 파닥이던 새끼까치
어미가 그은 빗금 따라 날아갔지

깜깜해도 빛은 어느 틈으로든
들락거리지

대부도 바다

대부도 바다
수평이 흩어진 곳으로
썰물 따라 들어가 봅니다
발바닥을 적십니다
종아리를 적십니다

어둠이 깊은 바다
내려온 밤하늘이
고래가 되어 전파를 보냅니다

집이 없어 잡혀온 아이들
가난하고 배고픈 아이들
강제 노역으로, 피 터지는 고통으로
바다를 헤엄칩니다

대부도 썰물이 깊어지면
고래는 어른이 되지 못한 아이들의
이름을 부릅니다

갯벌에 갇혔던 아이들이 고래를 따라
하늘 위로 총총 올라갑니다

*아이들의 무덤_ 일제 강점기부터 부랑아소탕법으로 거리에서 아이들이 선감도에 끌려와 갇혀 지내다가 탈출하다 죽거나 잡혀 무덤이 됨.

신두리 해안사구

여름 한철 땡볕에 잘 마른 모래
구레포 쪽으로 빠지지 않고
두웅습지 쪽으로도 빠지지 않고
신두리로만
바람에 쓸려 궁굴었다

허공에 뜬
신두리 해안의 초승달
점점이 그믐도 없이 삭망이 된다

봉걸레 타고

바람결,
봉숭아씨방 도르르 말아 톡 흩어지는 창가

교실 바닥을 쓸고 닦는 아이의 엄마
몸이 불편한 아이
엄마가 움직일수록 물 자국도 길게 따라다닌다

의자 밑에 아이가 숨어 있다
봉걸레 멈추자 킥킥킥
몸을 흔들며 빠져나오는 아이의 어깨가 팔랑거린다

술래에게 들킨 나비처럼
날개를 접었다 폈다 엄마 품에서 날아본다

해설

까시라운 순수와 사랑의 이중창

손 필 영

(시인·국민대학교 교수)

까시라운 순수와 사랑의 이중창

손필영

(시인·국민대학교 교수)

1.

주윤신 시인의 시집 『묶인 손』은 요즘 왜곡되고 경직된 정서를 표출하는 일반적인 시들과 달리 순전한 감성을 드러내고 있어 필자에게 읽는 즐거움을 주었다. 일찍이 사르트르는 산문가는 인간의 초상을 그리고 시인은 인간의 신화를 창조한다고 했다. 그는 신화는 성공이 아니라 좌절을 드러내고 이 좌절만이 사람을 순수한 그 자신으로 돌려준다고 본다. 그래서인가? 시인은 순수한 세계를 본향처럼 그리워하는 존재이다. 순수한 자신의 추구로 인해 드러나는 좌절감을 주윤신 시인은 현실을 낯설어하는 모습으로 드러내는데 그것이 주윤신 시인의 본질일 것이다. 이 시집을 관통하는 시인의 어머니와의 유대감은 어머니로부터 자신의 정체성을 명명받을 만큼 절대적이다. 주윤신 시인의 시는 어머니와의 상호관

련과 조응에서 시작되고 확대된다고 볼 수 있다.

아름아름 어울리지 못하고
안으로만 파고드는 나에게
까시라운 년,
어머니 목소리 따라다닌다

죽은 잡풀더미 속에서
돋아오르는 새순이
낯이 설다

남들 좋아하는 유행도
아직 낯이 설다

– 〈꽃샘추위〉 부분

어느 정도 삶의 이력을 지닌 시인은 아직도 일상의 현실이 익숙하지 않다. 봄이 되어 죽은 잡풀더미에서 올라오는 새순도 낯설다는 시인은 봄이 주는 생명력을 어떻게 생명적으로 받아들여야 하는지 모른다. 이것은 엘리어트가 사월은 잔인한 달이라고 말한 것과도 상통한다. 아이러니적 현실의 이중성을 감내하려면 꽃샘추위를 견디듯이 앓아야 한다. 남들이 좋아하는 유행도 낯설어하는 시인은 언제나 갈등 속에 살고 있다. 그래서 어머니는 '까시라운 년' 이라면서 시인에게 현실을 받아들이고 아름아름 어울리며 살기를 바라신다. 그러나 시인은 봄에 새롭게 돋아 오르는 새순도 적응하기에 힘이 드는 존재이다. 이것이 그녀의 까시라움의 정체일 것이다. 시인은 언제나 겨울과 봄 사이에 존재한다. 그러나 주윤신 시인이 봄기운에 젖어들려면 준비가 필요하다. 까시라움은 봄을 봄으로 느낄 수 없는 시인의 태생적 조건에 포함된다.

> 베란다 아래
> 편편하게 갈아놓은 흙들 위로
> 햇빛이 내리쬔다
> 내 머리에도 내리쬔다
>
> 머리가 아팠다
> 놀러놔서 엉긴 것들을 뱉어내고 싶다
>
> 입 지우고
> 뿌리로 올라오고 싶다
>
> –〈봄기운〉 전문

매년 맞이하는 봄을 시인이 힘들어하는 이유가 드러난

다. 봄 햇살에 흙을 밀고 올라오는 새싹과 달리 시인은 봄 햇살에 머리가 아프다. 그리고 시인은 엉킨 것들을 뱉어내고 싶어한다. 새싹은 올라와 잎을 틔우겠지만 시인은 “입 지우고/ 뿌리로 올라오고 싶다”라고 한 것으로 보아 입으로 만들어내는 소리, 말의 홍수 속에서 살고 있는 현대인의 모습과 멀어지려 한다. 시인은 엉켜있는 인간의 말이 아닌 본질적인 것을 찾고자 하는 본성을 드러낸다. 시인이 ‘까시라운’ 것은 순수한 자신을 찾고자 하는 좌절감에서 연유한다고 볼 수 있다.

2.

주윤신의 시에서 가장 강하게 드러나는 대상인 어머니를 주제로 한 표제시 〈묶인 손〉을 보면 누구나 겪을법한 이야기를 인간의 아픈 운명으로 그렸다.

> 수술 후
> 깨어나 링거를 잡아 빼는 엄마
>
> 일어나려고 움직이는 엄마
> 간호사들이 쫓아와 눕혀도

링거를 잡아 빼는 엄마

간호사들은 쫓아오기를 멈추고
엄마의 손을
침대에 묶었다

젖 먹이고, 기저귀 갈아주고,
한없이 쓰다듬던 손
피멍이 들어
침대에 묶였다

-〈묶인 손〉 전문

시인의 본성을 이해하고 안타까워하던 어머니가 수술 후에 링거를 맞으면서 무의식적으로 링거를 빼서 간호사들이 어머니의 손을 침대에 묶었다. 그 손은 나에게 '젖 먹이고, 기저귀 갈아주고, 한없이 쓰다듬던 손'이다. 나를 키운 어머니의 손이 멍이 들어 묶여있는 것을 보면 만감이 교차할 것이다. 이제 예전의 움직이며 사랑을 베푼 엄마는 사라지고 병들어 거동 못하는 늙은 어머니만 보인다. 이 시집의 표제인 '묶인 손'은 인간의 늙고 병든 이후의 세계를 상징적으로 나타낸다. 이 부분에서 주윤신 시인의 시가 개별적이지만 보편적인 특징을 갖는다고 할 수 있다. 그 과정에 있는 우리

모두의 삶이 드러나기 때문이다. 어머니를 요양원에 모시고 힘들어하는 모습에서는 이별의 아픔이 강하게 보인다.

어머니를 요양원으로 모셔놓고
비를 맞으며 돌아왔다

봄을 기다리며 내다보셨던 옥상 철쭉 정원
빗물이 빠지지 않아 물이 발목까지 찼다

같이 갔다 혼자 돌아온 걸음에
늘 비비고 싶은 어머니가 휘청거린다

고인 물에 발 담그며
바닥에 깔려 있는 꽃잎을 걷어냈다

철쭉 꽃잎
어머니 닮은 철쭉 꽃잎 물 위를 떠다니고

꾸르륵 꾸르륵
물 빠지는 소리 울린다

–〈꾸르륵 꾸르륵〉 전문

늘 비비고 싶은 어머니를 요양원에 모셔놓고 혼자 돌아온 시인은 괴로운 마음을 물 빠지는 소리 '꾸르륵 꾸르륵'이라는 울음소리로 표현했다. 한때는 생생하게 아름다웠던 어머니가 비에 젖었다가 물 위에 둥둥 떠다니는 철쭉꽃 잎 같다는 비애감을 감정을 배제하고 이미지로만 그리고 있다. 인간은 누구나 늙고 이별을 해야 하는 숙명에 놓여있다. 이것을 시인은 어둠으로 무서워하기도 하지만 빛처럼 환하게 보고 있다.

> 엄마가 들려주던 달밤의 공동묘지 이야기,
> 어떻게 그 캄캄한 데 들어가 있을지
> 이불 뒤집어쓰고 하루 종일 울었다
>
> 어릴 적 신발이 강물 위에 떠내려가다
> 환한 소용돌이 속으로 사라진다
>
> -〈환한 소용돌이〉 부분

여러 모습으로 묘사된 어머니에겐 시인의 삶에 대한 태도가 고스란히 투사돼 있다. 무엇보다 시인이 형상화한 어머니는 누구나의 어머니의 모습이지만 현재 시인 자신이기도 하다.

> 바위굴에 들어가 앉으니 안개
> 단발머리 여고생이 시가 실린 교지校誌를 품고 어머니에게 달려간다 여고생은 별 나지 않는 베란다에 빨래를 넌다
> 빨래는 언제나 안개, 안개

비가 그치자 바위굴을 나선다
바위에도 뿌리내린 소나무 터널,
연초록 터널을 지나자 햇빛이 쏟아진다,
비바람 한줄기 산막이 골을 돌아나갈 때
어머니 슬픈 눈빛이 스친다

– 〈산막이 옛길, 여우비〉 부분

시인은 산으로 둘러싸인 충청도의 옛길을 걸으면서 자신의 옛길을 떠올렸다. 잠시 여우비가 스치는 동안 시인은 여고생 시절 시를 쓰면서 순수한 꿈을 꾸었으나 결혼하고 생활에 쫓겨 꿈과는 거리를 두고 어렵게 지냈던 시간을 떠올린다. 어머니는 이러한 모습을 안타깝게 보셨고 여고생이던 시인은 어머니의 나이가 되기까지 이 꿈을 품고 안타까워한 것 같다.

액자에 갇혀있던 재잘거리던 아이의 소리가
깨진 틈 사이로 빠져나오고 있었다
상을 받아 올 때마다
내가 어렸을 때 엄마처럼 걸었나 보다

–〈액자〉 부분

시인은 자신의 아이가 상을 받아올 때마다 액자를 만들

어 벽에 걸었는데 어느 날 액자가 떨어져 깨진 상황을 마주했다. 액자의 깨진 틈으로 아이의 소리가 빠져나온다고 했다. 시인은 자신이 원했던 모습으로 아이를 재단하여 액자에 넣었다고 토로하고 있다. 그러나 그 모습은 어머니가 시인에게 보여준 모습인 것이다. 시인은 자신도 모르게 어머니와 같은 모습이 된 것이다. 그러나 이 어머니는 절망 속에서도 세상의 빛이 되어 시인을 꿈으로 몰아가고 있다.

바닥에서 파닥이던 새끼까치
어미가 그은 빗금 따라 날아갔지

깜깜해도 빛은 어느 틈으로든
들락거리지

–〈새끼까치의 빗금〉 부분

오동나무에서 바닥으로 떨어져 옥상으로 옮겨진 새끼까치를 어미 까치가 찾아와 회복시켜 데리고 날아가는 모습을 보고 시인은 '깜깜해도 빛은 어느 틈으로든/ 들락거리지'라고 함으로써 어미 새의 모정을 빛으로 표현했다. 이 시는 어머니를 통해 전해지는 긍정성으로 모정의 힘을 보여준다.

3.

순수한 정서를 드러내는 시인은 현대문명을 정서화하면서 동시대성을 포용하고 있다. 주윤신 시인의 시대성은 물질문명과 마주하는 기계적 현실을 받아들이고 청년실업, 코로나 19로 인한 경제적 어려움을 겪고 있는 일상을 담담하게 그려냄으로써 내면의 까시라움을 견뎌내고 있다.

> 아버지 마지막 체온이 찍힌다
> 아버지의 눈 속에 한없이 어려졌던 나
>
> 체온으로
> 눈으로
> 심장으로
> 메시지가 날아온다
>
> 눈으로 말하던 얘기들이
> 공중에 돌아다니다
> 핏줄로 울린다
>
> -〈문자메시지〉 전문

아버지가 돌아가시면서 주고받은 영혼의 마지막 인사를 일상생활에서 시도 때도 없이 필수적으로 주고받는 문자메시지로 표현하면서 불쑥불쑥 올라오는 아버지에 대한 그리움을 절절하게 드러내고 있다.

각각 일터로 가서
주말가족으로 만나 전원 켜고 움직이는
딸과 사위

시작버튼 누르기 전
나는 전원을 눌러 배웅을 받지

–〈시작과 종료〉 부분

일상생활에서 사용하는 모든 가전 제품들에 전원 켜기와 끄기가 있듯이 시인은 딸의 주중 생활을 돌봐주고는 주말에 자신의 집으로 돌아가는 것을 전원 끄기라고 하면서 자신의 생활을 전자제품의 부분으로 표현하고 있다. 정서적으로는 순수성을 바탕으로 하면서 동시대의 특징을 반영하는 시적 접근은 주윤신 시인만의 특성을 드러내고 있어 앞으로 시 세계의 발전과 변화를 기대하게 한다. 이 부분은 청년실업과 코로나 19로 인한 어려움을 시에 그대로 반영하면서 더욱 극명하게 드러낸다.

"이대로 사회에 나가면 뽑아줄까?"

"그럼, 단박에 알아보지-"

대답은 그렇게 했어도
'그런 날 더디 오면 어쩌지!'

딸아이가 또 물어요
"지금처럼 잘하면 나 뽑아줄까?"

대학 졸업 후 취업 안 되는 오빠생각에
미리 말을 하나 봐요

-〈이렇게 살면 될까?〉 부분

대학을 다니면서도 앞으로의 취직을 걱정하는 딸과의 대화이다. 청년실업 문제는 국가적 문제일 뿐 아니라 개인이 해결할 수도 없는 개인의 문제이기도 하다. 시인은 아이들을 다 키웠으면서도 아이들 때문에 좌절하기도 하고 아이들이 살아가는 세상의 아픔을 같이 마음에 담고 살아간다. 그러나 주윤신 시인은 감정을 밖으로 드러내거나 그 좌절감으로 스스로를 억압하지 않고 객관화하는 힘을 가졌다. 면접을 실패하고 돌아온 후에도 이팝나무에 물을 주며 생명의 빛으로 가득찬 아들을 아프게 바라보지만 아들이 지닌 생명력에 집중함으로 좌절감을 지워버린다.

틀어져 쉽게 열리지 않는 장롱 문틈으로 삐죽 나온 속옷이 빠져나가다 걸린다, 벽지에 달라붙은 퀴퀴한 냄새, 식구들 목 뒤로 큥큥 달라붙은 기침, 뱉지 못해서 애를 태운다, 면접 갔다가 얼굴 벌개져 돌아온 아들 앞에 이팝나무 이파리 하나 툭 떨어진다

아들은 쪽창을 열어
없는 바람도 막아주듯
길게 손을 뻗어
이팝나무에 물을 준다

-〈이팝나무〉 부분

시인의 사회적 시적 대응은 코로나 19로 손해를 본 소상공인으로의 절망감과 좌절로도 드러난다. 살아남으려고 몸을 오그려야 올라오는 표면장력이야말로 음식점을 하려면 필수적으로 준비되어야 한다고 얘기하고 있다. 많은 절망감을 느낀 시인은 좌절하지 않고 몸을 더욱 작게 오그려야 살아남을 수 있다고 본 것이다. 그러나 코로나 19로 인해 집합금지상태가 지속되면서 음식점 문을 닫고 대출을 받아 이자만 내다가 원리금을 상환해야 하는 시점에서는 몸살에 걸려 마른 기침을 하다가 보름달처럼 가득 차오른 기침을 토함으로써 더 이상 지탱하기 힘든 외침을 드러내고 있다.

간단한 레시피를 받아 적고 허허거린다
많은 양 음식 레시피는 표면 장력이 필수다

살아남으려고 몸을
오그려야 올라오는 표면장력

-〈레시피〉 부분

빈 가게 둘러보며 건물 사이 달을 본다
집합금지로 장사가 안 되어
문을 닫은 지 서너 달
오래된 몸살에
마른기침이 올라온다

벌건 눈으로 입 가득 기침을 가둬놓는다
침을 삼키듯 이자만 냈는데
내일은 대출금 상환해야 하는 날,
기침이 목 뒤에 달라붙어
길게 애원하고 있다

-〈보름달 기침〉 부분

코로나 19 상황으로 인한 경제적인 고통도 문제지만 천륜을 억제해야만 하는 불합리한 상황을 견뎌야 했던 것은 시인의 일만은 아니었을 것이다. 이른 봄에 노란 생강나무

꽃을 보러 나간 임산부인 딸이 코로나에 걸려 자가격리가 되었지만 엄마인 시인은 딸을 보살피러 갈 수가 없었다. 얼마나 절절한지 이 격리가 끝나면 빛처럼 빨리 한달음에 달려가고 싶다고 말하고 있다. 이것은 코로나 상황에서 지구 위의 모든 가족들이 겪었을 고통이다. 주윤신 시인은 개인의 감정에 매몰되지 않고 우리 시대에 누구나 겪는 모든 고통을 감내하며 시로 형상화하고 있다.

일차 이차 부스터샷 맞은 딸이
생강나무 보러 나갔다가 노랗게 자가격리 되었다
뱃속 태아가 걱정되었는지
다래끼로 눈이 부었다

마음은 한달음에 달려갔다
격리 금을 넘을 수가 없어 도착할 수 없었다

금이 사라지면
빛처럼 달려가고 싶다

–〈격리 금〉 부분

주윤신 시인의 시선은 언제나 모정을 담고 있다. 이러한 시선은 역사와 이웃에게도 연결되어 시를 빚는 동력을 제

공한다. 먼저, 1942년부터 1982년까지 있었던 선감학원을 소재로 쓴 〈대부도 바다〉는 많은 사람들이 여행지로만 오가는 대부도를 다시 보게 한다. 고아나 걸식아동을 구호한다고 만들어진 선감도의 소년수용시설에서 아이들이 폭력과 배고픔을 벗어나려고 탈출하다가 갯벌과 바다에 빠져 죽었다. 이 역사적 사건을 시인은 유령처럼 떠돌던 아이들의 영혼을 현재화하여 위로한다.

집이 없어 잡혀온 아이들
가난하고 배고픈 아이들
강제 노역으로, 피 터지는 고통으로
바다를 헤엄칩니다

대부도 썰물이 깊어지면
고래는 어른이 되지 못한 아이들의
이름을 부릅니다

갯벌에 갇혔던 아이들이 고래를 따라
하늘 위로 총총 올라갑니다

–〈대부도 바다〉 부분

또한 그녀의 시선은 팔다리가 불편해 바닥을 기어다니

는 아이를 위해 교실 바닥을 깨끗히 닦고 있는 엄마와 그 엄마의 품에 안겨 있는 아이에게 멈춰있다. 시인은 몸을 잘 가누지 못하는 아이를 엄마 품에서 날고 있는 나비처럼 묘사함으로써 아이의 신체적 억압에 자유로움을 선사하고 있다.

의자 밑에 아이가 숨어 있다
봉걸레 멈추자 킥킥킥
몸을 흔들며 빠져나오는 아이의 어깨가 팔랑거린다

술래에게 들킨 나비처럼
날개를 접었다 폈다 엄마 품에서 날아본다

-〈봉걸레 타고〉 부분

주윤신 시인의 시집 『묶인 손』은 모정을 바탕으로 한 시인의 시선이 시집을 관통하는 가운데 또 다른 한 부분은 개인의 정서에 머물지 않고 현재 우리가 살고 있는 시대에 대한 끝없는 관심과 고통과 불안을 담고 있다. 분단된 이 땅의 삶의 불안감을 시인은 아무렇지도 않은 듯 말하지만 내심 개인이 해결할 수 없는 사회문제처럼 그 불안에 갇혀 일상을 살아내고 있는 우리의 상태를 보여준다.

옥상에 올라갔어요

북한에서 미사일을 이전한다는 기사를 읽다가
그 끝이 어디일지 잡아끄는 대로
갇혀 있었어요

이국 만리 사람들이 놀라는 사이
나는 아침을 먹고
투명하게 보이는 맑은 하늘 위에
이리저리 흘러다니는 불안을 받쳐 안고
옥상에서 차를 마셔요

-〈가을 하늘〉 부분

현실을 살아내기 위해 다양한 부분에서 고통을 받고 좌절하는 시인은 좌절의 비극 속에 매몰되지 않고 순수와 사랑(모정)으로 시를 쓰는 삶을 지속해왔고 앞으로도 지속해낼 것이다. 내면의 까시라운 순수와 아픔, 온몸 가득 채운 모성이라는 이중창이 경직된 현실을 위로하며 독자들의 마음에 생생하게 울릴 것을 기대한다.